EMG3-0128
合唱楽譜＜J-POP＞

J-POP
CHORUS PIECE

合唱で歌いたい！ J-POPコーラスピース

混声3部合唱

Hikari

作詞・作曲：内澤崇仁　合唱編曲：西條太貴

●●● 曲目解説 ●●●

4人組ロックバンド、andropが2018年8月29日にリリースした楽曲。フジテレビ系木曜劇場「グッド・ドクター」の主題歌として書き下ろされました。楽曲は、優しい歌声が印象的なバラード。心にしみる感動的な一曲を、美しい混声3部合唱のハーモニーでお楽しみください。

Hikari

作詞・作曲：内澤崇仁　合唱編曲：西條太貴

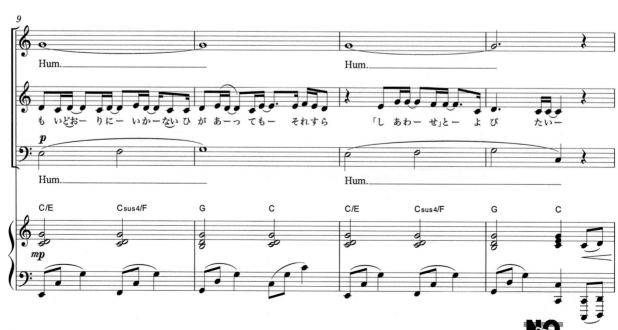

© 2018 by FUJIPACIFIC MUSIC INC.
& SDR Inc.

Hikari

作詞:内澤崇仁

365日をあなたと過ごせたら
思い通りにいかない日があっても
それすら「幸せ」と呼びたい

暗闇に慣れてしまわないで
悲しみにもう怯えないで
長い夜を越えて
散らばった涙を集めて

光に変えてゆくよ　どんな暗闇も
夢見た未来が途切れないように
生まれる明日(あした)が眩しく光るよ
そこから僕が連れてゆく

あなたの歩幅に合わせて2人歩くだけで
愛おしさが溢れるよ
伸ばした手にあなたの温もり

流れ星　駆け出すペガサス
朝焼け　透明な空気
まわる時を越えて
重なったあなたとの毎日が
鮮やかに染まる

光の中で輝く七色の希望は
あなたが僕に教えてくれた
絶望の底に飲み込まれそうなら
いつだってあなたを連れてゆく

始まりと終わりが在る場所で
やっと巡り会えた
選んで　選ばれて　あなたといる
一人じゃない

光に変えてゆくよ　どんな暗闇も
夢見た未来が途切れないように
生まれる明日(あした)が眩しく光るよ
そこから僕が連れてゆく
いつだってあなたを連れてゆく

MEMO

MEMO

エレヴァートミュージックエンターテイメントはウィンズスコアが
展開する「合唱楽譜・器楽系楽譜」を中心とした専門レーベルです。

ご注文について

エレヴァートミュージックエンターテイメントの商品は全国の楽器店、ならびに書店にてお求めになれますが、店頭でのご購入が困難な場合、下記PC&モバイルサイト・FAX・電話からのご注文で、直接ご購入が可能です。

◎PCサイト&モバイルサイトでのご注文方法

http://elevato-music.com

上記のアドレスへアクセスし、WEBショップにてご注文ください。

◎FAXでのご注文方法

FAX.03-6809-0594

24時間、ご注文を承ります。上記PCサイトよりFAXご注文用紙をダウンロードし、印刷、ご記入の上ご送信ください。

◎お電話でのご注文方法

TEL.0120-713-771

営業時間内に電話いただければ、電話にてご注文を承ります。

※この出版物の全部または一部を権利者に無断で複製(コピー)することは、著作権の侵害にあたり、著作権法により罰せられます。

※造本には十分注意しておりますが、万一、落丁・乱丁などの不良品がありましたらお取り替えいたします。また、ご意見・ご感想もホームページより受け付けておりますので、お気軽にお問い合わせください。